জিরাফের বাগান

জিরাফের বাগান

ইন্দ্রনীল সেনগুপ্ত

The Poetry Society of India
Gurgaon - 122 002 (Haryana)
www.thepoetrysocietyofindia.com

গ্রন্থস্বত্ব: অজন্তা সেনগুপ্ত

মূল্য: আশি টাকা (৮০/-)মাত্র

প্রচ্ছদ: তমোজিৎ ভট্টাচার্য্য

ISBN: 978-8192642208

মোবাইল: 09830409258

ইমেল: indranile@rediffmail.com

প্রাপ্তিস্থান: ধ্যানবিন্দু, কলেজ স্ট্রিট, কলকাতা।

এই গ্রন্থটি আমার সমস্ত পাঠক বন্ধুদের উৎসর্গ করা হল

ভূমিকা

আমার প্রথম বইটিতে যা লিখেছিলাম তার খানিকটা তুলে দিলাম এখানে —"কি করলে কবিতা হয় কোনটা কবিতা অথবা তা নয় কে বলবে! কে বলবে কখন কোন সুর বাজে মনে, আলতো পায়ে নূপুর নিক্কণে কোন শব্দ ছুঁয়ে গেল মন। কখন ঢাকনা খোলে শব্দ ও দৃশ্যের। অনুভূতিগুলো সতেজ রাখি, চোখ মেলে দেখি, কান পেতে শুনি। অনুভূতির পারদ ওঠানামা করে। অবাধ্য কলম পাতার শূন্যতাকে পূর্ণ করে আঁকতে থাকে ছবি। কবিতা বললে ভালো। নয়তো কিছু নয় ... অজানা পাঠকের হাতে যদি পৌঁছে যাই এবং তাঁর ভাল লাগার মত দুর্ঘটনা যদি ঘটে তাহলে বড় আনন্দ পাব।"

যাই হোক, কথাগুলো কবিতাই বলবে। কথা বাড়ালাম না। দেশ, আনন্দবাজার পত্রিকা (পূজো সংখ্যা), অনুষ্টুপ সমেত বহু ছোট-বড় পত্রপত্রিকায় প্রকাশিত লেখা গুলো এখানে দিয়েছি। প্রকাশকের তরফে কিরীটীর উদ্যমকে ধন্যবাদ। তার গরজ না থাকলে আমার পক্ষে এই বই প্রকাশ করতে আরও দেরী হত। আশা করি সংকলনটি পাঠকের ভালো লাগবে। ভালো লাগলে অন্যদের জানাবেন।

ইন্দ্রনীল সেনগুপ্ত
মার্চ, ২০১৪, কলকাতা।

সূচিপত্র

কখনও কি প্রেক্ষাপট ভেঙে আচমকা শব্দেরা ছুটে আসেনি
তোমার কাছে,
পৃথিবীর মাঠের ওপারে একমাত্র সাঁকোখানা
ভাঙেনি চুরচুর হয়ে?

কখনও কি হাতে গাঁথেনি তোমার
পাখির দানার মত স্থির কোন কাচের টুকরো?

তার চশমা ও রেশমি রুমাল

অবশেষে পাওয়া গেল তাকে
পাওয়া গেল তার চশমা ও রেশমি রুমাল
বিস্ফোরণের পরে।

দেখাও গেল তাকে
ঠিক তাকে নয় ধ্বংসাবশেষ মুখখানি তার
ধরা কিছু হাসি অজস্র বিষাদ,
এছাড়া মোটামুটি সব ঠিকই আছে
হাত পা গুলো ছড়ান ছিটান
কুড়িয়ে বাড়িয়ে জোড়াতালি দিলে মিলে যায় দেহ
যেমন ছিল অনেকটাই ঠিক বিস্ফোরণের আগে।

কিন্তু অবাক ছেঁড়ে নি ফাটে নি টসকায় নি
এতটুকু তার বহুদূরে ছিটকে পড়া সেই রিমলেস
আর মায়াবী বিকেল মনে পড়ানো
রঙিন ফুলতোলা রেশমি রুমাল।

তরল স্বপ্ন

তরল স্বপ্নেরা চলকে পড়ল
এমনই তুফান কাপে ডিঙিখানা প্রায় ডোবে ডোবে
তোমার হাত আভরণহীন সাদা সফেদ
তাকালাম চোখে চিকচিক জল
আর না বলা কথার সমুদ্র অতল।

ওভাবে তাকিও না –
গভীরতাহীন পরিত্যক্ত শুষ্ক উপত্যকায়
একরাশ মরা বনভূমি আর কঙ্কাল পাহাড়ের রক্ষক আমি
আকাশে উড়ছে অজস্র শকুন
আড়ালে হায়নারা দাঁত নখে শান দেয় সুন্দর।

তোমার কাছে

মাইলস্টোন ছুটে যায় রাস্তার দু'ধারে,
তার সাথে এলোমেলো গাছের সারি,
ফ্যাক্টরি শেড, পার্ক করা ট্রাক,
মাল খালাসী, রাস্তার ভাঙ্গা,
গঞ্জ এলাকা, কণ্ঠী খঞ্জনি,
বাজার বসেনি;
কপি পাতা, আবর্জনা,
ছেঁড়া বস্তা, শীতার্ত বেড়াল ,কুকুর ছানা,
ডিঙিয়ে যাচ্ছি তোমার বাড়ি।

রিসোর্ট পাঁচিল,
ইটের পাঁজা,
বিরাট ঝিল,
ঝিলের মাছ, মাছের ঘাই,
কিছুটা ভেড়ি, কিছুটা পানা,
এইখানে কেন রোজ আসি না।

তুমি হাসিনা মানো নি কিছু,
অভিমান শুধু চুমুক দিয়েছ,
ভিজেছে টি পটে সোনালি ব্রু।

মেষপালক

শূন্য প্রান্তরে ভাঙা দরজায়
মরচে ধরেছে চাবি হারানো তালায়;
পশু আর মানুষের চিহ্ন আঁকা
ঘাসের আড়ালে পথ পড়েছে ঢাকা,
সীমানা হারানো এক উদ্দাম বালক,
গুঁজেছে মাথায় বাজ পাখির পালক ।

এসো মেষপালক, এসো বর্ষার জল,
মাঠ ভরা ফসলের দানা দাও ঈশ্বর,
পশুকে দিও তার বিচরণ ভূমি;
মানুষকে দিও কিছু সাজানো উদ্যান
আমরা অপেক্ষার গুনছি প্রহর।

মেষপালক

বিকেল

চৌরাস্তার কাছে দায়হীন বিকেলের
সমুদ্র দেখানোর কথা ছিল না
পাখির ডাক কান পেতে শোনে এ তল্লাটে
একটিই পাগল
অতএব নিশ্চিন্ত সে দেখল বৃষ্টি না হয়
শুকনো থাকুক ন্যাতাকানি ফুটপাথ সংসার।

সে দেখল সূর্য ডুববে
একটা সাধারণ দিনে সব ঠিকঠাক
লোকজন গাড়ি ঘোড়া ওভারহেড তার জঞ্জাল
এবং অধিকাংশ কুকুর
একটি কেবল নিবিষ্ট মনে চেটে যাচ্ছে ক্ষত।

চৌরাস্তার কাছে যে বিকেল আসে
সে পাহাড় দেখায় না
দেখায় না বরফের গায়ে
ক্ষণে ক্ষণে রং পাল্টানোর রোদ্দুর।

তবুও আজকের বিকেল বড়ই নরম
ডেকে দেখাল সাদা হাই রাইজের গায়ে
আটকে থাকা আলগা সূর্যালোক।

চলে যাবে যে কোন সময়ে
শেষ বারের মত দেখিয়ে যাচ্ছে
ঘরে ফেরা লোকজন
আর ইতি উতি ছুটন্ত বেড়ালের টানেল ।

ভরসার দেউল

পোড়োবাড়ি পড়েছে ভেঙ্গে
ইটের পাঁজা সুরকির পলেস্তারা
মেঝেতে ফাটল
ফাটলে উঁকি ঝুঁকি একাধিক সাপ
এ বাড়ির নাম আমি দিয়েছি সন্দেহ
তারপর জঙ্গল ঢেকেছে রাস্তা
এককালে চওড়া ছিল ছিল গমগমে
এখন সরু পথ গিয়েছে নদীর দিকে
এখানে ছোট দেউলে দেবতার বাস
এমনই জনশ্রুতি
এ দেউলের নাম আমি দিয়েছি ভরসা
নদীতে স্নান সেরে
সেখানেই পূজো দেয় অনেক মানুষ
সে নদীর নাম আমি দিয়েছি বৈতরণী
অতঃপর বটমূলে বসে থাকা
স্নান শেষ করে পূজো দিয়ে ফিরলে তুমি
চলে যাব দূরে মেঠো পথ ধরে
সন্দেহের ছায়া ভরসার দেউল
ছোবার বহু আগে।

দ্বিতীয় পেগে তোমাকে

সঠিক দূরত্বে তোমাকে দেখতে ভাল লাগে,
আগে পরে নয়,
এই সময়ে ভাল লাগে আরও,
ঘড়ি থেমে যাক প্রথম রাত্তিরে,
দ্বিতীয় পেগের শেষে।
লাল মদিরা স্বচ্ছ আধারে,
দ্বিতীয় পেগেই স্বচ্ছন্দ আমি,
দূরত্বও সঠিক;
সুন্দর দেখছি নীল সাড়ি, মুক্তো হার,
আংটি আর নাকছাবিতে আলোর কারুকাজ।

তুমি কথা বলছ, হাসছ
তোমাকে ঘিরেছে ভিড় -
ভিড়ে আমি নেই,
তোমাকে একান্তে চাই ,কথা বলতে চাই এমনও নয়।

এদিকে দ্বিতীয় পেগ,
ওদিকে তুমি যেমন আছ তেমনই থাক-
এভাবেই চাই এতটুকুই চাই;
কাছে এস না, চলে যেও না-
থাকুক দ্বিতীয় পেগের ঘোর।

চলমান রিসোর্ট

এইখানে জল আছে, আছে এক আদিম পুকুর,
শুকনো কচুরিপানা ইতস্তত বিষ্ঠার সাথে প্রগাঢ় ভালবাসা,
ধ্রুবতারা দেখে পাড়ি সে দেয় অতল সাগরে,
সন্ধ্যের অন্ধকারে ভেসে চলে অজানায়
আমি পারে বসে দেখি ক্রমাগত
চলমান রিসোর্ট ঘিরে ঢেউয়ের ওঠাপড়া।

রিসোর্ট ভুলিয়ে দেয় জীবনের সব চাওয়া পাওয়া,
নিয়ে যায় বিশাল শূন্যতায়,
শহরের সব অলিগলি ভুলে যাই,
ভুলে যাই লিপি ও ভাষা
প্রাকৃতিক পানীয়ের মত পান করি স্থানীয় স্বকীয়তা।

কে সে

কারারক্ষীর মত দিচ্ছে পাহারা?
ঘিরে ফেলেছে জল সুবাতাস আর আকাশের নীল,
কে তাকে জিম্মা দিলো,
সে কোন বনের কোকিল সুসময়ের কুহু,
তালা দিয়েছে মাশাল্লাহ রূপসীর সৌন্দর্য আর
বিকশিত ফুলে?
যাবো না যাবো না নতজানুদের ব্যান্ডওয়াগনে।

তওবা করি সব বিভীষিকাদের,
সোজা রাস্তায় হেঁটে যাচ্ছি বিক্ষিপ্ত পাপড়ি বাগিচায়,
আমার এবাদত শোন একেশ্বর,
আরও কিছুদিন শ্বাস নিতে চাই,
আবর্জনাগুলো সাফ হয়ে যাক
তোমার আশীর্বাদে।

বাইরে অন্ধকার

বাইরে অন্ধকার,
যাদু জানালা দিয়ে নেমে আসছে রাতশিশির,
একটু দুরের লাল সবুজ গেরুয়া সাদা টিলার ওপর থেকে
মাতব্বর ক্রমাগত ভাট বকে যাচ্ছে,
ও কতটা পড়েছে জানিনা,
স্বাধীনতা বিশ্বায়ন সারপ্লাস ভ্যালু লাল বই,
ম্যানিফেস্টো, ইতিহাস আর বলে না।

ওর ভুরু ঢাকা পড়েছে তুষারে,
চরিত্র ঢাকা পড়েছে স্খলনে,
ম্যাড়ম্যাড়ে গলায় আউড়ে যাচ্ছে মতবাদ
সেটা কী জানে না-
জানে না খাবে না মাথায় মাখবে।

ওকে ঘিরে থাকা মেয়েরা ফেসিয়াল সেরে,
একটু ঘুমিয়ে হেলথ ড্রিঙ্ক পান করে বসেছে আসরে,
ওকে ঘিরে থাকা যুবকেরা রিভলভারের নল পরিষ্কার করে
ঘুরিয়ে দেখছে সিলিন্ডার।

আমি তোমাদের লোক

একের পর এক বেমিলের কবিতাগুলো থেকে,
কুয়াশা নামে,
ঘৃণার পাউডার পমেটম গালে মেখে,
বিপ্লব ঝরে যায় শ্রমিকের ঘামে,
একরাশ ফড়িঙের মৃতদেহ,
মৃত শ্যামাপোকার স্তূপ,
ধর্ষিতা নারীদের লাশ,
এইসব উপজীব্য আধুনিক হতাশার,
কিছুই পড়ে থাকে না সেগুলোও বিক্রি হয়ে যায়।

চল কিছু করি গরিব বাঁচাবো বলে,
গরীব না থাকলে বিপ্লব বিক্রি হবে না,
গরীব না থাকলে আমরা বড়লোক হবো না,
গরীব যেন কোন দিন না মরে,
মরলেও দু'একটি লাশ ভাসিয়ে দিও জলে,
দু'একটি তোড়া পাঠিয়ে দিও অকুস্থলে।

গরিবেরা বেঁচে থাক বিপ্লব হবে,
ধর্ষিতা বেঁচে থাক কবিতার ভেতরে,
অনামুখো বেঁচে থাক সোনামুখো ছেলে,
আমলারা বেঁচে থাক হামলা ঠেকাতে,

শিক্ষক বেঁচে থাক ক্লাসে তুলে দেবে।

আমি তোমাদের লোক,
মূর্তি বানিয়ে রেখো আমি মরে গেলে।

কোকিল নামে শীতে

আসেনি সে,
কথা রাখেনি,
তবু তার প্রতিনিধি নিঃসঙ্গ কোকিল
এক-পা, দু-পা হেঁটে যায় অ্যাসবেস্টসের সংজ্ঞা বিহীনতায়।

উন্মাদ হাওয়া
যেন চামড়া কেটে বসে যায় শীতের চাবুক,
বরফের দুপুর,
টুংটাং বেজে ওঠে পকেটের হাত ফোন,
আসে না আসে না কোন কথা যার অপেক্ষায়
এতটাই বসে থাকা,
অযাচিত বার্তাগুলো হারিয়ে যায়
অপরমনস্কতায়।

ক্রিংক্রিং
ওই তো পাঠিয়েছি কোকিল,
যা বলার বলে দিও ওকেই,
ক্রিং ক্রিং
এখন নয় আসব
গ্রীষ্মাবকাশে।

ক্রিংক্রিং
দুঃখিত এখন তো বর্ষা ঝরে,
গ্রীষ্ম চলে গেল এত তাড়াতাড়ি,
ঠিক জেনো পৌঁছে যাব অবশ্যই আগামী শীতে।

ক্রিংক্রিং ক্রিংক্রিং
বাজতেই থাকে ফোন,
বাজতে থাকে বাজতেই থাকে,
আবার কোকিল নামে শীতে
অ্যাসবেস্টসে।

বাবা

খুলে ফেলা হ'ল অক্সিজেন, স্যালাইন-
কোন এক শীতের সকালে তিনি দেবতা,
বাবার মুদ্রিত চোখে,
আমাদের রাতজাগা চোখে-
তখন পরম পরাজয়ের শান্তি,
পৃথিবীর সমস্ত নক্ষত্রেরা তখন আশ্রয় নিয়েছে-
পৌষের ফাঁকা মাঠে।

এক কুয়াশার সকালে শরিকি বাড়িখানা চুরমার হয়ে গেলে,
তিনটি কাক ও পাঁচটা পায়রা
বড়ই বিব্রত বোধ করে -
জীবনের স্বাদ নিয়ে জেগে থাকা এইসব পাখিরা খুঁজতে থাকে
নতুন বাসস্থান,
ভেঙে যাওয়া ডিমের ভ্রূণেরা কি যন্ত্রণা টের পায়?

কোন এক মাঘ মাসে
পাতাগুলো ঝরে গেলে পৃথিবীর গাছেরাও দেবতা হয়ে যায়-
নিশ্চুপ দাঁড়িয়ে থাকে ময়দানে।

কর্তিত ধানের বিলাপ কেবল ছড়িয়ে যায় শস্যের ক্ষেতে।

জল

জলের ভেতরে অজস্র সন্দিগ্ধ মাছের সিঁদুর লাল চোখ,
তোমাকে ভয় পায়, তুমি ভয় পাও অতিকায় হাঙ্গরের দাঁত,
জল থেমে থাকে না অপেক্ষা করে না
কথা বলে ঢেউ দিয়ে,
স্বপ্নগুলোকে আছাড় মারে পাথরে,
কিছু আলোড়ন তোলে বাকি শান্ত থাকে,
স্বপ্ন সাজিয়ে রাখে পাথরে।

জল এক দার্শনিক,
চাঁদকে দেখে,দেখে চন্দ্রকলা জোয়ার ভাঁটা ,
সে চেনে গাংচিল পানকৌড়ি ধ্যানী বক,
অন্যান্য জলের পাখিদের
তার মনে তর্ক জমে নাব্যতা ,নৌবিদ্যা ,
আলোছায়া ঝিনুকের বুকে মুক্তোর সৃষ্টি নিয়ে,
জল একাধারে দুর্বল অথচ উষ্ণ।

সে আহ্বান করে তুমি জুতোটা খুলে তাকে ছোঁবে
অথচ গভীরে যাবে না,
সে প্রস্তুত করবে এক স্নিগ্ধ পানীয়,
তোমার গ্লাসের রিমে গুঁজে থাকা লেবুর টুকরো
প্রভাবিত করবে জলের সঠিক মূল্যায়নে।

লজ্জা রাঙা হয়ে এভাবে প্রকাশ করবে নিজেকে,
লুটোপুটি খাবে,
চুমু খাবে পায়ের পাতায়।

জলকে ভালোবেসো না, ভুলে যেও না,
কাছে এসো না, দূরে যেও না।

সম্ভবত

সম্ভবত আমার ভিজিটিং কার্ডটা ফেলে দিয়েছেন।
ফোন নম্বরটাও হারিয়েছেন মোবাইল পাল্টানোর সময়ে।
সম্ভবত আমাদের শেষ দেখা আজ থেকে পাঁচ বছর আগে,
তখন আপনি নিয়মিত আসতেন এ তল্লাটে।

অনেক কথা বলব ভাবি কিন্তু দেখা হলে বিষয় হারিয়ে যায়,
অনেক বার মাঝরাতে বনানীতে ডেকে ওঠে কালপেঁচা
ঘুম ভেঙ্গে যায়, শরীর জোড়া শিরশিরানি,
যেন মাকড়সা নেমেছে গায়ে।

পুরনো সব কিছু ফেলে দিয়েও আমরা দিব্যি বেঁচে থাকি,
সম্ভবত একদা যে নারী একান্ত কারণ ছিল বিনিদ্র রজনীর
এখন তাঁকে দেখলেও চিনতে পারবেন না,
চিনতে পারলেও দাঁড়াতে চাইবেন না,
কারণ ততক্ষণে আপনার বিশ্বস্ত অশ্ব
আকাশ বাতাস বিদীর্ণ করবে অধৈর্য হ্রেষারবে।

আমার কোন অভিমান নেই
সেই নারীও আপনাকে ছাড়া দিব্যি বেঁচে থাকে।
একদিন আপনার ভিজিটিং কার্ডও লোকে ফেলে দেবে।

সন্ধ্যার বাতাসে আপনার ঠিকুজী ডানা মেলবে-
উড়তে থাকবে পতঙ্গের মতো,
আশ্রয় নেবে আবর্জনা স্তূপে।

কথাগুলো

কথাগুলো বাকি ছিল,
ছিল কিছু এলোমেলো,
ঝরে যাওয়া বকুল,
এখন সন্ধিক্ষণে বাতাস খেলা করে,
খেলা করে কাশফুল।

আজও কি রয়েছ বসে,
তারারা পড়লে খসে,
ছুটবে জোনাকি ভেবে,
আঁচলে ধরবে তুমি
লাভার স্ফুলিঙ্গ রাশি?

কথাগুলো এলোমেলো,
জানি কিছু বাকি ছিল।

একান্ত যাপন

এই পরবাসে অতিথি নিবাসে নিঝুম শব্দেরা,
দৃশ্যের বাইরে গাছের আড়ালে কালো কালো ছায়া
আরও রাত হলে পরে ছুঁয়ে যাবে তারা
চিবুকের একমাত্র নির্জন তিলখানা।

কখনও কি প্রেক্ষাপট ভেঙে আচমকা শব্দেরা ছুটে আসেনি
তোমার কাছে,
পৃথিবীর মাঠের ওপারে একমাত্র সাঁকোখানা
ভাঙেনি চুরচুর হয়ে?
কখনও কি হাতে গাঁথেনি তোমার
পাখির দানার মত স্থির কোন কাচের টুকরো?

এই শীতে গাছে লেগে আছে কুয়াশার হলুদ,
আমাকে ছুঁয়ে ছুঁয়ে স্ফুলিঙ্গের মতো অজস্র মৃত্যুর ঢেউ
কুণ্ডলী পাকিয়ে ছুটে যায় দূর নীহারিকায়,
খিলান জুড়ে লেগে থাকে অঝোরে সিঁড়িভাঙা,
অপ্রাকৃত মৈথুন,
বিলম্বের উদাসীন শূন্যতা।

স্বপ্নাভ রায়চৌধুরী

অক্ষরগুলো তখনও রং মাখেনি,
দরজা খুলে নামেনি পথে,
চুমু খায়নি অন্য অক্ষরের গালে, কপালে, বাহুতে ঊরুতে-
শব্দ বানাবে বলে।

এমন সময় তোমার হাতের জাদুদণ্ড দুলে উঠল-
শব্দ তৈরি হলো,
আলাদা আলাদা নাচের আসর ছেড়ে ছুটে এলো।
ক্রেসেন্ডোতে পৌঁছে গেলো মিউজিক-
ফ্লুট ট্রাম্পেট ভায়োলিন ভিয়োলা চেলো।

স্বর্গ নেমে এলো-
কখনও খাদে, কখনও উত্তুঙ্গে পৌঁছে গেলো ভালোবাসা।

শব্দেরা হাত ধরাধরি করে বানালো সেতু,
অজস্র সেতু তখন এই সোয়াম্প জলাভূমিতে,
এক একটা অসংলগ্ন দ্বীপ ব্যক্তিগত মনের গভীর-
কি অনায়াস ডুবে যায় তোমার ভালোবাসায়।

এই মুহূর্তে সঙ্গীত বিরতি,
বহুদূরে তথাপি চার্চের অরগ্যান-

আমরা থেকে যাচ্ছি তোমাকে ভাববো বলে,
অক্ষরবৃত্ত থেকে মাত্রাবৃত্ত-
স্বরক্ষেপন শব্দবন্ধ- স্বপ্ন দেখবো বলে,
স্বপ্ন ধরবো একান্ত আপনমনে-
তোমার মত করে, নিজের মতো করে-
আমাদের মতো করে।

বাকি কথা

তুমি এস ধীর পায়ে সুনসান রাতে
গভীর ঘুম ভাঙ্গানো পুরনো স্মৃতি হয়ে-
সেই উজ্জ্বল দিন ফিরে এস পানপাতা কিশোরীর মত,
আবার বাতাস ঢেউ খেলে যাক সোনালী ধানে।

রেলসেতু পেরিয়ে ঝমঝম চলে গেছে সাঁইথিয়াগামী
লাল লাল কামরার কয়লা ইঞ্জিন ট্রেন কিছু আগে,
এখনো বাতাসে ভাসমান কালো ধোঁয়া
সেই কালভার্ট আরও একবার চল ছুঁয়ে আসি দুজনে।'

এঁকে বেঁকে পথ গেছে ক্যানেলের ধারে,
সাইকেলের চাকার তলায় সরে সরে যায় পাথরের কুঁচি,
আমাকে তোমাকে ছুঁয়েছিল বাবলা কাঁটার ঝাড়,
প্রেম কাকে বলে বুঝি নি তখন,
প্রেম কাকে বলে জানি না এখনো,
তোমাকেও কি অতঃপর কোনদিন ছুঁয়েছিল প্রেম?

আরও একবার ফিরে এস স্মৃতি হয়ে
আরও একবার ফিরুক সেই সর্বনাশা বিকেল,
অনেক কথাই বাকি রয়ে গেছে।

পদ্মপাতা

জলকে যাবি চুল বেঁধে দি
দাঁড়াবি চল ঝোড়ো হাওয়ায়
হাওয়া হাওয়া উড়িয়ে নিবি
শুকিয়ে দিবি শরীর খানা
শুকনো শরীর কানের লতি
ফড়ফড়াফড় পদ্মপাতা
কাল সারারাত বৃষ্টি ছিল
শরীরখানায় অবাধ্য হাত
শরীরখানা সোনালী সবুজ
সতেজ শরীর বড্ড অবুঝ
এই শরীর হবে পদ্মপাতা
শুকনো হাওয়ায় শুকিয়ে যাবে
উড়ে যাবে ঘাসের মতো
ঝোড়ো হাওয়ায় কুটোর মতো

যাবো না

অনেক দূরে দাঁড়িয়ে আপনাকে দেখলাম,
কাছে যাই নি,
কে যেন একবার বলেছিল,
এই লোকটা এখানে কেন?
সেদিনই শিক্ষা হয়ে গেছিল।

ঐ ঘটনার আগে পর্যন্ত,
আমি ভাবতাম সোজা রাস্তা দিয়ে হাঁটলে
আপনার কাছে পৌঁছে যাব,
আপনি আমাকে বসতে বলবেন,
চা খাওয়াবেন।

কিন্তু আপনার কাছে যেতে গেলে বেড়া ডিঙোতে হবে,
প্রথমে বিজ্ঞের কাছে,
বিজ্ঞ পাঠাবে বিদ্বর কাছে,
বিদ্ব দেখাবে সুশীল,
সুশীল বলবে কয়েকদিন পরে,
কয়েকদিন পরে দেখাবে বিশেষজ্ঞকে,
বিশেষজ্ঞ বলবে দরখাস্ত করতে,
দরখাস্ত হবে অন লাইনে-
অন লাইন বলবে লাইনে দাঁড়াও।

লাইন চলবে সাপের মত,
দশ বিশ পঞ্চাশ একশো,
হাজার দশ হাজার পঞ্চাশ হাজার এক লক্ষ,
মিলিয়নস বিলিয়নস,
সবাই বলছে বেড়া ডিঙোবে।

এতো ভিড়ে একলা হয়ে যাই,
একলা হলে খিদে পেয়ে যায়,
লাইনে দাঁড়ালে খিদে পেয়ে যায়,
কাজ না থাকলে খিদে পেয়ে যায়,
ললিত লবঙ্গকে দেখলে খিদে পেয়ে যায়।

এমন সময়ে আপনাকে দেখে আমি ছুটে গেলাম,
সুশীল কি যেন বললো বিদ্বকে,
বিদ্ব বললো বিজ্ঞকে,
তিনজনে বললো বিশেষজ্ঞকে,
বিশেষজ্ঞ বললো পেয়াদাকে
পেয়াদা বললো লাঠিকে,
লাঠি বললো, ভাগ হিঁয়াসে।

সুশীল, বিজ্ঞ, বিশেষজ্ঞ, পেয়াদা এবং লাঠি
আমার দিকে আঙ্গুল উঁচিয়ে অট্টহাসি হাসলো,
বেড়া হাসলো,

ললিত লবঙ্গ সামান্য কাশলো,

আমার ভীষণ দুঃখ হ'লো,

আমার ভীষণ রাগ হ'লো,

আমার ভীষণ খিদে পেলো,

সবাই তারস্বরে চেঁচিয়ে বললো,

এই লোকটা এখানে কেন?

তারপর থেকে আপনার কাছে

আমি যাই না- যাবো না।

পিঁপড়ে

বেয়ে বেয়ে উঠে গেল
একটি আসক্ত পিঁপড়ে
বোতলের রিমে
অবাক কুয়োর ভেতরে মায়াবী তরল ভাসে লাল সোনালী
বুক ভরে শ্বাস নিলো
ঝাঁপ দিল সুধারসে

মাদকতা ছড়িয়ে যায় পিপীলিকার স্নায়ুতন্ত্রে
ক্রমশ অবশ দেহ সাঁতরে ছুঁয়ে ফেলল ফেনা পিছল দেয়ালের
কাচ

তারপর
আর কোন তারপর থাকে না

হাতড়ে বেড়াতে থাকে
আশ্রয়ের ইলিউশান

ভালোবাসা

অনেক রাতে একটা মেয়ে চ্যাট বাক্সে,
চ্যাট বাক্সে একটা মেয়ে বললো আমায় ভালোবাসে,
আমি বললাম আমি তোমার ড্যাডির মত,
একটু বড় হতেও পারি,
সে বললো বয়েই গেলো,
ড্যাডিও আমায় ভালোই বাসে।

একটি মেয়ে চ্যাট বক্সে বিসর্গ আর ব্র্যাকেট দিয়ে মুচকি
হাসে।

দেয়ালেও না

চিহ্নগুলো কেউ সরিয়ে ফেলছে খুব তাড়াতাড়ি,
অ্যাপার্টমেন্টে স্থানাভাব,
পুরনো ছবি স্তূপাকার,
কিছু কিছু ফ্রেম ভেঙ্গে গেছে,
অ্যালবামের ব্ল্যাক অ্যান্ড হোয়াইট ঝাপসা বিবর্ণ,
সেগুলোর রাখার জায়গা হচ্ছে না কিছুতেই,
রাখলেও ডিজিটাল যদি করা যায় তবেই সম্ভব,
ভরে নেবো কয়েকটা হার্ড ডিস্কে,
তাও তো নষ্ট হয়ে যায়।

বড় তাড়াতাড়ি চলে গেলে সমস্ত স্মৃতি,
দিদিমা, বড়ো পিসী, রাঙ্গা মাসী, মা, বাবা
এবং আমার ছেলেবেলা;
কিছুদিন আগে কোথা থেকে বেরিয়েছিল,
কয়েকটা ইনল্যান্ড, খাম, পোস্টকার্ড-
গৃহিণীর অনুযোগ ভরা চিঠি,
বহুদিন বাড়ি আসিনি,
আবার কোথায় রাখলাম যত্ন করে-
এখন খুঁজে পাচ্ছি না।

এই আবাসন যতই স্কয়্যার ফিট হোক,

দেয়ালে টাঙ্গাবো নকল যামিনী রায়,
একটা ঘর জোড়া ছেলের পড়াশুনো,
অন্যঘরে মেয়ের আঁকিবুঁকি,
সবকটা ওয়ারড্রব ড্রয়ার ভরে গেছে জামাকাপড়,
বই খাতা আর দরকারি কাগজে,
দেয়ালে ঝুলছে বড় এলসিডি,
লেদারের কভার দেওয়া দামী আরাম সোফা,
ডাইনিং টেবিল, আসবাব-
এমনকি পার্ক স্ট্রিট থেকে কেনা ভিন্টেজ পিয়ানো,
কোথায় রাখি বলো পুরনো স্মৃতি ছবি চিঠি,
অমূল্য সম্পদ।

মাগো ক্ষমা করে দিও,
আর ধরে রাখতে পারবো না তোমায়,
পুরনো সময়,
আমিও বড় দ্রুততায় প্রবীণ হচ্ছি,
হারিয়ে যাব-
কোথাও থাকবো না-
দেয়ালেও না।

নির্বোধ প্রশ্নমালা

এই সব শক্তিশালী ইমারতের নিচে লুকিয়ে আছে ভোঁতা বুদ্ধি,
নির্বোধ প্রশ্নমালা,
চার দেয়াল পেরুলে মহাশূন্য আর বন্য বাস্তব;
যতই গভীর জলে ঝাঁপিয়ে পড়ছি,
ধরে আনতে চাইছি জ্ঞান-
হাতের তালুতে উঠে আসছে বিশালাকার ভইড।

একটা ফর্মুলা পেয়ে যাচ্ছি বিশাল আঁকিবুঁকি
আলফা বিটা ডেল্টা গামা সিগমা স্কয়ার স্কয়ার রুট,
আসলে যতই বিশ্লেষণের কাছে যাচ্ছি
ততই সরে যাচ্ছি কেন্দ্র থেকে।
ফলত এক বা একাধিক চুয়িংগামে ক্ষয়ে যায় চোয়ালের
চামড়া,
প্রোটন ইলেকট্রন নিউট্রন ঝুলতে থাকে ডায়াগ্রামের সুতো
থেকে,
আরও কিছু চাই,
জানালার বাইরে স্থাণু আকাশ যান
অপেক্ষা করে আছে এলিয়েন,
তার অদ্ভুত চোখ নাক কান।

জিরাফের বাগান

অবশেষে জিরাফের বাগানে শেষ সূর্য জিরাফের চোখে,
তুমি ভাবছ, ধুত্তেরি এ সব কি কথা,
জিরাফ কি গাছ নাকি?

জানি জিরাফ কোন গাছ নয় ফল নয়,
জিরাফ এক অবিশ্বাস্য বিস্ময় বিবর্তনের
পায়ের তলায় রুখাশুখা ভূমি,
অথচ নিজে থাকে সরস উচ্চতায়।

আমি জিরাফ ভালোবাসি,
দৈত্য ভালোবাসি,
ভালোবাসি কলোসাস,
উচ্চতায় অতি উচ্চতায় উঠে যায় সে এক মহান,
ধূলি ধূসরিত মলিন অন্ধকার পৃথিবী ছাড়িয়ে সে
সরাসরি তাকায় সূর্যের চোখে।

আজও মনে পড়ে

তখনও আকাশে বৃষ্টির মেঘ ,
সতেজ সবুজ গাছপালা সব;
আমার জন্য রয়ে গেলে,
আমার রুটের বাস আসে না,
সেই যে গল্প শুরু হল আর থামে না।‘

আমি তখন নায়িকা তোমার,
যাবো কি ছাই অঝোর ধারায় আকাশ তখন জলপ্রপাত;
আর এই বাস স্ট্যান্ড টিন চুইয়ে নামছে জল,
রেলিং টপকে হাত বাড়ালাম,
ঠিক যেন টাইটানিক জাহাজ,
আমরা দুজন বিখ্যাত সেই প্রেমিক যুগল।‘

এমন ধারা বৃষ্টি হলে তোমার কথাই মনে পড়ে,
সেদিন থেকে।

কেন

কেন যে এলে
এলো যদি কেন চলে গেলে
ডাকিনি
তবু এলে
এলো চুল এলোমেলো বাতাসে
বাতাসকে ডাকিনি আমি
তবুও বাতাস এলো

কেন আসো তুমি কি জানো না কিছু
তবু আসো
মেলে দিয়েছ পাখনা অসময়ে অনায়াসে
হাল্কা পানীয়ের ঘোরের মতো কেন আসো

কেন যে আসো তুমি বসো না
কেন মরশুমি পতঙ্গের মতো মেলো পাখনা জোড়া
কেন ওড়ো তুমি লতায় পাতায়
ফুলের কুসুমে
কেন আসো
এলে কেন

কেন এলে তুমি অগাধ রাতের গভীরে সকালের প্রজাপতি

তুমি এলে কেন

এলে যদি কেন এলে না প্রেম হয়ে

কেন ক্ষত হয়ে

রইলে অতঃপর

কেন

একান্তে

হঠাৎ স্তব্ধতা নেমে আসে,
হঠাৎ থেমে যায় কথা বলা, নিঃশ্বাস;
ঘাতক হাইওয়েতে পড়ে থাকে অবশেষ।
অনিদ্রা ক্রমশ জমতে থাকে কফির কটু গন্ধ,
রাত কত এখন?
শরীর ক্লান্ত অবশ,
তবু ঘুম নেই।

জীবন কি আসলে কতগুলো মুহূর্ত?
যে মুহূর্ত রণিত হয় ইথারে তরঙ্গে,
যে মুহূর্তের লয় ক্ষয় নেই,
আত্মজন একে একে যারা ছাড়িয়ে সীমানা
পৌঁছে যায় তারাতে, আকাশের নির্বিবাদী ভোরে।

কিছুই হারায় না,
সুরে বাজে রাত্রিকালীন ভায়োলিন,
একে একে জেগে ওঠে তরঙ্গ ঢেউ,
ভেসে ওঠে মুখগুলো,
হাসি কথা,
ঠিক যেন তারা ঘোরে ফেরে তোমার পাশে-
একান্তে।

শব্দহীন প্রান্তরে জ্যোৎস্না

শব্দহীন প্রান্তরে জ্যোৎস্না নামে ধীরে অপটু অক্ষরে,
মধ্যরাতের ঘোড় সওয়ার ছোটে তীব্র হুঙ্কারে,
অশ্বখুরের নীল ধোঁয়ায় হাল্কা কুয়াশা ঝরে।

সহসা ঝলসে ওঠে তরবারি ইস্পাতের ফলা,
ছিন্ন হয়ে যায় গ্রামের এক ফালি শস্য গোলা,
পৃথিবী মথিত করে বেজে ওঠে ওম ধ্বনি।

এ যাবত লিখে রাখা সব ভবিষ্যৎ,
এতদিনে মুছে যাওয়া সমস্ত অতীত,
তুচ্ছ করে ছুটে যায় গ্রাম গ্রামান্তরে,
মধ্যরাতের ডাক হরকরা,
ঝুলিতে মৃত্যু নর করোটি ফেরিওয়ালা।

ট্যাক্সিওয়ালা, মোমের ডানা

এই শহরে একটি মেয়ে বিক্রি হ'লো
একটি পাখি উড়তে উড়তে বসল ডালে,
রোদের তাতে গলে গেলো মোমের ডানা।
এই শহরে মেয়েটি আজ বিক্রি হ'লো,
স্খলিত বসন ব্যাগের ভেতর নোটের তাড়া,
তীব্র গতি বাগুইআটির দিকে চলে ট্যাক্সিওয়ালা।

অজস্র সব ঝুপড়ি ঢাকা কলকাতায়,
কোথায় যেন লুকিয়ে থাকে টিনের চালা অসুস্থ মা,
বাবার ছবির বিবর্ণতা,
খুকি আমার ফেলে গেলাম জবরদখল,
আর রইল আকাশখানা,
দেখিস যদি উড়তে পারিস,
বাঁচিয়ে চলিস মোমের ডানা।
বাবা আমি উড়ছি আজ,
গলছে মোম,
ব্যাগের ভেতর অনেক টাকা,
টুকটুকে লাল শিফন শাড়ি,
লাল লিপস্টিক ধেবড়ে গেছে,
ফুল কিনেছি
ধূপ কিনেছি তোমার জন্য।

এসে গেছি,
গাড়ি থামাও ট্যাক্সিওয়ালা,
গলছে মোম খুলে যাচ্ছে মোমের ডানা।

এই শহরে একটি মেয়ে বিক্রি হ'লো
একটি পাখি গাছের ডালে বসেছিল,
রোদের তাতে গলে গেল মোমের ডানা।
একটি মেয়ে আজ শহরে বিক্রি হ'লো,
স্খলিত বসন ব্যাগের ভেতর নোটের তাড়া,
নামিয়ে তাকে তীব্র গতি ফিরে গেল ট্যাক্সিওয়ালা।

মঞ্জরীদি

মঞ্জরীদির কুঞ্জবনে কোন সকালে
কলিরা সব হাসতেছিল খিলখিলায়ে
সন্ধ্যাবেলা ঝরাপাতা আবিষ্ট মন
মন উচাটন মঞ্জরীদি জ্বালাও আগুন।

আমার যত এদিক সেদিক পাখির বাসার খড়কুটারা
ছড়ায়েছিল
ছড়ায়েছিল আকাশ নদীর মেঘের ভেলা
তোমার আমার ছোটবেলার কথাগুলো
মনে আছে মঞ্জরীদি?

আকাশ যখন স্বাধীন হ'লো
ভেলারা সব ছুটতেছিল এদিক সেদিক
ঝড় উঠেছে বন্ধ কর কপাটগুলো!

কপাটগুলো লোপাট হ'লো
পাগল হলাম মাতাল হলাম
তোমার জন্য ছুটে গেলাম হাজার মাইল
যোজন যোজন ছুটে গেলাম
হা হতোস্মি ক্ষ্যাপা ছেলে
তোর সাথে প্রেম হয় নাকি?

মঞ্জরীদির কুঞ্জবনে এক সকালে
কলিরা সব হাসতেছিল খিলখিলায়ে
সন্ধ্যা এলো
আমার এখন ঝরাপাতা আবিষ্ট মন
মন উচাটন মঞ্জরীদি জ্বালাও আগুন।

আদেশনামা

আদেশনামাতে বলা থাকে,
পুনরাদেশ না দেওয়া পর্যন্ত
বলবত থাকবে বলাৎকার –
আক্ষরিক অর্থে নয়,
কিন্তু মানেটা তাই দাঁড়ায়।

নির্দেশ বলে আগের সব ভুল,
অত্যন্ত চিন্তিত চিত্তে তাই বাহাদুর-
এনেছেন নতুন,
এই এক ধারাবাহিক চলতেই থাকে-
পালটায় না চোখের জল,
আনাচে কানাচে।

মহামৌন

সে দার্শনিক প্রকাশবিহীন,
অধীত জ্ঞান আবশ্যকতাহীন,
কে থাকবে আর কে যাবে ঠিক করে ডাইনোসর।

মুখের নিষ্পাপ আদলে এক আবক্ষ
দেখে বহুদূর নদীয়ার গাংচিল ক্লান্ত দুপুর,
সময় ফিরে যায় কোন কুয়াশায়,
কোথায় হারিয়ে যায় অজস্র ভ্রূণ,
নারীর গর্ভ থেকে দূরে বহুদূরে,
অগস্ত্য যাত্রায়।

মহামৌন কবি,
সে বেঁচে থাকতে চেয়েছিল জন্ম আর মৃত্যুর মাঝে,
দু‚মুঠো ভাত আর কুয়াশাকে সঙ্গী করে‘
চোখের মধ্যে ভালোবাসা বন্দী করে,
সে চে গুয়েভারা নয়,
দেশে দেশে বিপ্লব করেনি,
সে লেনিন নয় মার্ক্স নয় বিপ্লবী নয় উগ্রপন্থী নয়,
তবু লোকে তার কবিতা পড়ে।

এখন তার মৌনব্রত,
সাম্পানে আলো জ্বলে,
একটা নড়বড়ে পিদিম,
নিভে যেতে পারে,
তবু সে ভেসে থাকে একা জলে।

সঠিক অ্যান্টেনা

সন্তানদের মানুষ করো,
কাদামাখা অ্যান্টেনা মেলে ধরো প্রবাহের জলে,
কবিদের কফিনে লাশে ঢালো বিশল্যকরণী'
যদি নড়ে চড়েভালো -,
নয়ত পুড়িয়ে দিও,
ভাসিয়ে দিও অপদার্থ ভস্ম।

অর্বাচীন অন্ধকারে ডুবে আছে প্রতিপদ,
গিটারের কান্নায় নড়ে উঠল স্কাল শো পিস,
এখানেও কি ভালো কিছু রাখতে নেই?

কি হয় হা হুতাশ বেচে,
কবি কি বদলাতে পারে আকাশ বাতাস আর নিঃশ্বাস এই
শতকে?

আজকাল বিপ্লব হচ্ছে না ধানক্ষেতে আর কলকজ্জায়,
ম্যাড়ম্যাড়ে জোলো কলমগুলো নীল কুয়াশায়
ফিরি করে টকটকে লাল বেদনা বিধুর,
সিরাজির নেশা,
মাতালেরাই যা একটু আধটু কবিতা ভালোবাসে।

একদা বাল্যকালে বিস্ময়ে চোখ তুলে,
সূর্য দেখেছিলে এক আশ্চর্য উৎস উত্তাপের-
এখন অঘ্রাণের হিম আর পৌষের শৈত্যপ্রবাহ
কামড়ে ধরছে আঙুল,
আলগা হয়ে যায় শরীরের কিছু কিছু।

ফ্রস্ট বাইটের গ্যাংগ্রিন বাদ দাও,
ভুলে যাও-
সন্তানের হাতে শুধু তুলে দিও সঠিক অ্যান্টেনা।
মহাজাগতিক সিগন্যাল!

ঝরে যাবে কারুকাজ

সামান্য কয়েকটি মেরুকরণ বাকি,
তারপর থেমে যাবে সব স্বকীয়তা,
যারা ঘুরে বেড়াও- ভাসো জলে,
তাদের জন্যে কুল কিনারা ঠিকানা-
লেখা থাকে আকাশের গায়ে নীলে-
মেঘের অক্ষরে।

সামান্য কয়েকটা পাখি ধরা বাকী-
পাখিদের চেনো তো!
পাখিদের দলে
একটা পাখি আগে ওড়ে
দু'পাশে সারি চলে ভি অক্ষরে-
এটাই আকাশের ছবি
এটাই পৃথিবীর ছবি-
এটাই মেরুকরণ।

সামান্য কয়েকটি শীত গ্রীষ্ম বাকি
তারপর ঝরে যাবে
সবকটা ডানার নিপুণ কারুকাজ।

আকাশ বনানী

ভোর হয় হয় মাঠ ঘাট ধান ক্ষেত
মিশে আছে চা বাগান ডালকোলা স্টেশন চত্বরে,
ঘর খুঁজছি
খুঁজছি ঘর চুড়োর পাশে
পাইন দেবদারু ঘিরেছে কুটির
কবজায় মরচে ভাঙ্গা আওয়াজ নীরবতা ছেঁড়ে।

পাখি চিনি না গাছের নাম জানি না
ঘর খুঁজছি ঘর
চৌকিদার পাহাড়ের ওপর
আমাকে বলে দেবে আকাশছোঁয়া গাছ পালা
পাখি আর মানুষের খুঁটিনাটি।
বয়স্ক মানুষ
তার মুখে অজস্র বলিরেখা
কুটিরের দেখভালে কেটে গেছে হাজার বছর।
চাবি খোলে ঘর দেখায় টিলার ওপর এ কোন জাদুকর!

এই কাঠের কুটির বন পাহাড়ি,
সময় থমকে গেলে থমকে যাও অগন্তব্যে,
এগিয়ে না পিছিয়ো না,
ভালবেসো না ভুলেও যেও না-

খুব কুয়াশায় সামনের গাছপালা
ঝুড়ি ছড়িয়েছে, নেমেছে শেকড় পাহাড়ের গায়ে,
দুরের দৃশ্যমানতা ঝাপসা হয়ে যায়।

কাঠের কুটির, ঢালু তার চালা,
একদিক পুরো ঢাকা কাচের দেয়াল
ফ্লাওয়ার ভাস কোজি নুক
কুয়াশায় ঘুমন্ত অহল্যা পাহাড়।
কাকী মুরগীর ডাক শুনব বলে
অনেকটা চড়াই উঠে যাই।
মেঘ কুয়াশায় দিনের জানান দেয় একটি কুকুর ছানা
সঙ্গতে দূরে কোথাও একটি মোরগ
যুগল বন্দী স্টিরিও আওয়াজ।

বারে বারে তিনটে পাখি ঘুরে আসে আকাশে,
মিলিয়ে যায় দূরে,
পাহাড় নেমেছে নীচে থাকে থাকে,
আনাচে কানাচে বাষ্পের মত সাদা ধোঁয়া মেঘ।

বলেছি তোমাকে থেকে যাও, চলে যেও না,
ভালবেসো না আমাকে, ঠকে যাবে,
ভুলে যেও না আমাকে, ঠকে যাবে;
দু'জনে এক সাথে পাহাড় দেখি চলো।

পাহাড়ের মজা এই
তোমার মতই বড় মুডি,
হঠাৎ কুহক কেটে গেলে ঢাল খাদ উপত্যকা,
গাছপালা বিস্তৃত সবুজ বনরাজি উন্মোচিত,
অজস্র হলুদ সবুজ পতাকা ওড়ে সমস্ত বাড়ির ছাদে,
ফ্লাওয়ার ভাসে গোলাপ নেই,
ছোট ছোট গাঁদা ফুল মেরুন পাপড়ি
মাঝখানে হলুদ বৃত্ত।

সময়ের সাথে সাথে জেগে ওঠে লোকালয়
দৃশ্য দূষণ বাড়ির ছাদে
সারি সারি প্লাস্টিক ট্যাঙ্ক ডিশ এন্টেনা।

পরদিন কুয়াশা আঁধার ঘোলাটে দুপুরে-
পথ নেমে গেছে স্বৈরিণী চা বাগান গাড়িধুরা মাটিগাড়া,
ঘুম থেকে ইউ টার্ন মিরিকের পথে।

আঁকা বাঁকা পথে ভাবি
আমার মৃত্যু হলে শীতের সকালে
শরীর প্রোথিত কোর অরণ্য গভীরে-
ভাল লাগে না অহরহ মানুষের ছায়া;
কোহরা ঘন কোহরা সে কি ঘন কুয়াশা!
হঠাৎ উদিত হলো আগমনী আলো পাহাড়ের বাঁকে,

পাশ কাটায় চালক অভ্যস্ত দক্ষতায়।
তুমি ফিস ফিস বলো
গতকাল একটা গাড়ি পড়েছে তিস্তায় দেখেছ কাগজে?
তোমার স্বর খাদে নামে ছোট চড়াই পার হয়ে গাড়ি সমতলে,
সেনাবাহিনীর বানানো ইস্পাত ব্রিজে ঢং ঢং,
এলোমেলো অজস্র পাথরের ফাঁকে নীচে বয়ে যায় শীর্ণা দুধিয়া
নদী।

যদিও তুমি আছো পাশে,
নিঃসঙ্কোচে এসময়ে বলি মনে মনে,
কাছে কেউ না থাকলেও ভাল লাগে প্রকৃতির ছোঁয়া,
ভাল লাগে বর্ষা ভেজা একান্ত সবুজ গাছপালা।

রাতে আবার ফিরব জনস্রোতে বিশাল সমুদ্র প্ল্যাটফর্মে
একে একে ভেসে আসবে রেলের কামরা-
ময়ূরপঙ্খী রাতের তরণী।

কবি ইন্দ্রনীল সেনগুপ্ত

ইন্দ্রনীল সেনগুপ্তর সাহিত্যচর্চার ইতিহাস ততটা দীর্ঘ নয়। গত বছর ছয়েক যাবত মূলত ইন্টারনেটের নানা গ্রুপ কমিউনিটি আর অনলাইন পত্রিকায় লিখে চলেছেন। ২০১২ সাল থেকে ছাপা লেখা বেরিয়েছে , দেশ, শারদীয়া আনন্দবাজার , ভাষানগর, অনুষ্টুপ, কৃত্তিবাস, প্রসাদ ছাড়াও বহু লিটল ম্যাগাজিনে। একটি কবিতার বই বেরিয়েছে দীপ প্রকাশন থেকে- নাম বিকেলে হ্রদের ধারে। কর্মজীবনে নানা সরকারি দপ্তরের গুরুত্বপূর্ণ দায়িত্ব সামলেছেন সচিব পদমর্যাদা পর্যন্ত। সম্প্রতি অবসর জীবনে প্রবেশ করেছেন এবং এই জীবনটাকে ভ্রমণ ও সাহিত্যচর্চার মাধ্যমে কাটিয়ে দিতে চান প্রচারবিমুখ এই মানুষটি। তিনি বিশ্বাস করেন তাঁর কথা বলবে তাঁর কবিতাই।